El Paraíso de Maresi

María Nuria Rego Símil

El Paraíso de Maresi

El Paraíso de Maresi
Title ID: 8792377
Copyright © 2018 María Nuria Rego Símil
All rights reserved.
Fotografía y pinturas
 facilitadas por amigos de la autora
María Nuria Rego Símil
ISBN-13: 978 1722906221
ISBN-10: 1722906227
Proyecto Editorial Sin Límites
Editado en Tijuana Baja California
Por el Lic. Guillermo Beltrán Villanueva
 Publicado bajo Licencia Editorial de
Cynthia Michelle Beltrán Islas
Member ID 3996910, en CREATESPACE
filial de Amazon, USA.

.

El Paraíso de Maresi

Presentación

Por Guillermo Beltrán Villanueva

Para hablar de una Poeta, no hay como usar su propio vocabulario.

En el origen
brota la mañana
Circunvala la herida
que dibuja la montaña.
Juego de olas
navegan la arenisca
mientras la nube arisca
exhala la distancia.
Cielo y mar
erigen el camino
tarde o temprano
del hombre su destino.
Así delinea
la naturaleza su fragancia
fuente de luz
alejada noche
que trasgrede
la abundancia.

PALABRAS PRELIMINARES

Por Pablo Guillén

María Núria Rego Símil, no cabe en ningún lugar, se pasea tronándose los dedos y a cada minuto mira su reloj de pulsera, va de la sala a la cocina como dice la canción *de La Delgádina,* ansiosa por ver salir su segundo libro *El paraíso de Maresi* y no le importa quemarse las manos con esa deliciosa papa caliente.

Quien ya leyó, la prosa, la rima, el verso ardiente salido de su corazón amante de la vida, del hombre amado, de las cosas simples de la vida. no ha de decepcionarse, se los aseguro.

Es tan tierna, sencilla, dulce como el puño de su mano a la hora de escribir lo que el alma le dicta mostrar al mundo. Esperamos el nuevo crío a punto de dar a la luz

EXORDIO

        Ramón Manrique Focaccio

Si el mundo hubiera sido por ellas creado,
suaves como los lirios serían los cardos.
Y en sus espinas,
anidarían sus lechos las golondrinas.

Si el mundo hubiera sido por ellas creado...

El Paraíso de Maresi

~ Maria Nuria Rego Simil ~

Ella nació con la fuerza para luchar cualquier cosa en su vida. El mundo ha intentado alejarla del camino de su felicidad, pero nunca ha tenido éxito. Con cada desafío, se vuelve un alma aún más hermosa. Nadie nunca romperá su asombroso espíritu.

Los aeropuertos

Los aeropuertos son todos iguales.

Iguales el tumulto.

Iguales el rumbo de los presos
que caminan arrastrando sus cadenas
y un maletín de cuero con ruedas y secretos.

Hombre de campo

¡No sientas temor,
no eches a correr
si me ves arrimarme
por el campo!

Coge esta flor campestre,
gris de polvo,
con mi respeto a la granjera.

Soy un hombre de
origen campestre,
músico de senderos

y de claros.

Errante contumaz de
poesía,
desvalido en el
mundo del espíritu.

Fui estudiante y me sentí fatigado
por la presión de reglas y voces.

Y ahora, despojado de artificio,
llevo prendas de tela fuerte y recia.

Por eso, ama de los verdes campos,
dame cobijo y protégeme,
Haz de mi un segador
entre tus operarios.

Tengo espíritu joven y fuerte es mi cuerpo,
bien puedo trabajar todo un verano,
con tal de verte, a veces, por tus campos,
irradiando de sol y frescura.

La gentil hermosura de las flores,
colocaré a los pies de tu hermosura;
si me miras, como ahora, un solo momento,
yo seré tu jornalero de verano.

Pero deseo caminar libre entre las flores,
entre espigas, en noches perfumadas,
cantar versos a voces de cuervo
y a coplas de jilguero.

Dedicado a Santo Domingo

Siente la brisa acariciar su piel,
siente la arena besándole los pies,
y camina junto al mar.

Se muere por volver
mientras él le habla por
el teléfono.

—Hola mi amor,
te hablo desde el
malecón;
 hay luna llena y suena
en la playa un son
de merengue sabrosón
que hace soñar.

Oye mi amor,
los niños piensan en ti
y me preguntan cuándo tu volverás
que santo Domingo está triste sin ti.

Y se quiebra la voz,
el silencio les cobra su factura un día más,
se mandan un beso con sabor a Caribe,
y se rompen el alma un poco más,
Un poco más.

Odia la lluvia que le ha borrado el sol,
odia la noche que le ha borrado el mar,
Y odia el día en que perdió el deseo de volver,
mientras él por el teléfono le habla.

Y se quiebra la voz.
El silencio les cobra su factura un día más.
Se manda un beso con sabor a Caribe
Y se rompen el alma, un poco más,
un poco más, un poco más.

El cuco

Pasé las semanas jugando y tocando,
el verano fue muy breve
debí hacer mi nido y recoger víveres;
Para un joven sin hogar.
Es triste, a pesar de todo,
desde su rama desnuda
Ver como recogen otros.

Ya no se me valora
como cuando estaba
en mis excelsos tiempos,
entonces todos gritaban
por doquier:
—Oíd al cuco
La verdad es que ahora
canto un poco bronco,
mis amigos todos me han dejado
Y en vano llamo a mi oscura compañera.

El Paraíso de Maresi

Me he extraviado mucho tiempo
en el verde campo lozano de mis años mozos.

Y el tiempo sigue avanzando;
Ya llega el cambio
de mis plumas de verano
Y debo salir a la busca de belleza,
 un buen refugio
Y pasarme los días,
gris y triste,
graznando, entre deseos y sombras.

Pero en fin, a un cuco viejo
¿Quién le va a creer?
Su alma no conoce la calma,
Y nadie sabe cuál será su destino.

Desfallecer, quizá,
mas si surge de nuevo la primavera,
volverá a cantar como antes
Y a sentir el aire vigoroso
bajo las alas.

El amor de las flores

En la pradera se tumban flores vellosas,
cada una con su presente,
Como de navidad,
al novio aguardan
y a la novia con miel en los labios deseantes.

Llevan recados entre las hierbas,
entre los esclavos amantes,
seres ligeros, con uniforme,
Y postillones elegantes.

Vuelan besos aromáticos
entre mariposas, abejorros y abejas.

Cada destello que cruza entre los tallos
lleva el sonido de las cuerdas y las canciones.

Se acunan mil diminutos lechos
enrollados en complicados cortinajes
donde las doncellas van a reposar amorosos.

Tatareaban los bosquecillos sin fin
un canto nupcial sobre la joven naturaleza.

Las horas tiernas se escapan
en el reloj florecido.

Desde muy pronto, cuando los nenúfares
 Esparcen sus copas sobre el brillante arroyo,
hasta que el lirio envuelva
contra el frío nocturno
su polvillo dorado y extraño.

Iba un hombre a través del paisaje,
un fiel sacerdote de la naturaleza;
Contemplaba sumido en adoración,
la fiesta de amor de las flores.

En susurrante anillo de amor,
donde incienso débil flotaba,
buscaba el espíritu en las cosas
Y notaba al dios muy próximo.

El mismo que edificó los pilares de la fortaleza
y estableció la tienda primaveral,
el mismo que resuena en el carro de truenos
y en la huida de enjambres de polen,
el mismo de las olas borrascosas
y los dichosos diluvios de rocío
en las llamas del corazón humano
y en los amores silenciosos de las flores.

Solo un niño.

Solo un niño
sobre el pecho de lana
de una madre recién nacida,
otea el horizonte,
buscando el resplandor
de la mañana.

Señorita

Un cancionero te dedico, señorita.
No puedo esconder
que frente a tu ternura
mi regalo es poca cosa.

Mas aun mi amada y noble amiga
valora más las canciones, los poemas,
que las joyas para el pecho o el cuello.

Y si ahora tus ojos suaves descienden,
sobre todas las canciones,
alguna vez oscurecerá tu piel, una sombra.

No entiendo mi canción de senderos y valles
como las que tú cantas
en la sala tenebrosa de tu casona.

Sabe pues, tú, buena, tú, dulce,
que más suave, en mi interior
aún corre música que nunca encuentra voz.

Se desvanece en el murmullo
como un eco de laúd
entre robles espesos,
al soplar del viento en el otoño dorado.

Cantan, cuando los campos
maduran hacia la siega,
con ojos de flor de tilo y melena de oro;
el perfume de ilusión de grama entre hierbas,
saliendo de su esencia,
que me ha seguido en mis años de caminante.

¡Toma, entonces, mi cancionero, señorita!
No quiero esconder
mi tristeza al otorgártelo.

Me soñé una noche cantando a tu lado:
Sendero, sendero, sendero,
¡Canta solitaria, recuerda a tu amigo solitario!

Se gana la madurez espiritual, cuando dejamos de anexar la felicidad a las cosas materiales.

La princesa de mis sueños

Ella llega del castillo,
escabulléndose por el fondo del jardín
entre arbustos y hierbas
que perfumaban y soñaban en la primavera.

Vigilan, se muerden, punzas espinas de marzoleto
en la tierra campestre.

Ramas traviesas agarran la cinta roja de la trenza.

Ya salió ella
del arbusto,
su sangre se turba,
cálida.

¡Ay! ¿Quizá la habrá
visto alguien?
¿La institutriz, quizá?
¡Qué horrible sería!

Temerosa y feliz va
ella hacia el sol
poniente
mientras las violetas del valle
muy humildes besan el filo de la falda
 a la más joven de las niñas.

Él llega del bosque,
por el sendero que va entre arándanos,
Va ágil y rápido.

Ve, ¡qué pronto ha saltado la valla del jardín!

Se inclina el gorro de estudiante como una boina,
Y en el ojal de la solapa
una ramita de cerezo florida y mojada de rocío.

Pero alrededor, a través de las hojas,
creyó ver muchas miradas indiscretas;
Creyó que el mirlo preguntaba desconfiado,
a donde iba.

Ya van los dos, la luz crepuscular empieza a diluirse,
Pero sus rostros brillan,
felices, oscuros dominios se levantan ante sus ojos.

Se vieron en la colina, se vieron junto el arroyo
bajo el brillante endrino.

Se besaron, temerosos, avergonzados por la luna.

Hay besos

Hay besos que son flores rojas
en tinta sobre el cuerpo.

Hay otros, esos otros que son flor de loto,
   tan profundos que permanecen
      unidos al agua,
por lejano el manantial
  o breve el curso,
      entre los tiempos.

**La belleza física se admira,
la espiritual se ama.**

¡*No tema!*

No temas si chirría a medianoche
tu portillo a la luz de las estrellas.

Soy yo, tu trabajador de verano,
   mi tierna granjera.

Foto de Manuel *Manu* Santo

Déjeme darle un abrazo

Un abrazo, es el festejo del encuentro,

el consuelo del dolor, Y la alegría de tener

a la persona que aprecias.

Un abrazo,

Pone al descubierto nuestros sentimientos,

nuestros miedos, nuestra necesidad de contención.

Un abrazo,

nos acerca corazón con corazón, nos deja sentir la intensidad

de nuestros latidos Y el calor de nuestros cuerpos.

Un Abrazo, es entregarse al otro

y dejar que el otro también se entregue.

Es resguardo, es protección.

¿Quién no necesita en algún momento de su vida

guarecerse entre unos abrazos llenos de ternura?

¿Quién no necesita desnudar sus sentimientos

sin palabras, rodeando con amor a quien uno quiere?

¡Yo si lo necesito!

Y es tan grande esta necesidad que en este preciso instante
abro mis brazos para poder abrazarte.

Los soñadores no pueden ser domados

Mientras tanto

Mientras tanto acá en mi cama,
Continúo improvisando remedios
contra el insomnio,
engañándome, tal vez un poco,
atribuyendo la culpa al estrés y a la rutina,
cuando sé que mi único diagnóstico
no es más que ganas de usted.

Recordatorio

No olvides:
por el corazón nada pasa de largo.
No sirve ponerle una cinta negra en los ojos.
No sirve hacer como si no hubiera pasado nada.
El amor es ciego,
Pero el corazón tiene vista de águila.

Melancolía

No quería seducirte está noche,
me pediste esta única e inolvidable.

Deja que te acaricie,
como un suspiro de viento.
Sólo una, no pediste más.

Quiero sentirme amado, deseado;
quiero quererte como a los recuerdos,
quiero hundirte en mi colchón.

Bajo tu ombligo se encontraba
el portal de mi casa,
pero alguien cambió la cerradura,
hoy recojo mis últimas pertenencias.

Deja que alquile tu amor,
el plazo está fijado.

Yo me iré, aún no sé a dónde.
Tú volverás con no sé quién.

Dolió la promesa de esperarme;
quemó el juramento de esperarte.
Nos conocimos las heridas,
para luego arrancar las costuras.

Te dejaré una noche para arañarnos,
una noche de libertad verdadera;
una noche de besos en cicatrices;
Sólo una, no quiero más.

Nos cruzamos y pronto te diste cuenta,
sigo siendo el muchacho de ojos tristes,
con más años, la vida es corta
y los recuerdos infinitos.

Te perderás entre mis brazos;
morderé tu cuerpo entre jadeos.
Y sin remedio, el resto de madrugadas
morderé mis uñas, mi alma, mi soledad.

En la mañana de esta única noche,
Con el silbido de la cafetera.

*La belleza física se admira,
la espiritual se ama.*

De navegar tu piel hice caminos

Por donde descubrir
hasta perderme
Cada espacio de ti.

cada espacio de ti
he recorrido
buscando ese suspiro
sofocado
despertando tu piel
poquito a poco
con besos de pasión
enamorados.

De navegar tu piel
se me olvidó
si existe alguien más
fuera de ti.

Me digo que no, y me digo que no
Y me vuelvo a perder una vez más.

La impresión de una mujer puede ser más valiosa que un análisis razonable.

navegando por ti

De navegar por ti fui navegante
en los mares sin fin de mi deseo;
de navegar por ti quedé varado
y naufragué feliz en tu tormenta.

El fuego del amor
lo quemó todo
Y quedamos los dos
 sobre la arena
quemándonos de
amor
 y enamorados.

**Las lágrimas son una válvula de seguridad.
Si no la abres a tiempo,
la presión te hará estallar.**

Mientras todos duermen

Mientras todos duermen,
mis recuerdos se derraman;
mi vida pende de la noche.

Se columpia cual reproche,
es de idas y vueltas,
de sábanas revueltas,
entre la vida y la muerte.

Por mi mundo y el tuyo,
entre música y mariposas,
el amor se hace más fuerte,
cadena que libera la esclavitud.

Sueños desbordados escondidos,
besos pendientes son imaginados,
caricias son hechas en mi mente,
desbordada razón casi demente.

Porque esta noche quiero verte,
que de bella noche te vistes hoy,
en lo profundo de mi sin razón.

Quedarás en un velo de realidad,
ahí, junto a mi única verdad;
allí, en mi corazón.

Cárceles, seguiré pensando lo mismo la educación es primordial para un país.

La chica del metro

De blanco el vestido,
castaño el cabello,
brillante el aura,
ojos verdes marihuana.

No sé a quién esperaba
con su hermosa figura
en la puerta del metro.

Aunque sí qué era la mujer
más fascinante que había
visto en mi vida.

Deslumbraba en mi corazón tanto,
como el sol cegaba a mis ojos.

Yo solamente estaba de paso,
pero si me hubiera mirado,
Ay, si me hubiera mirado,
ardor, deseo, arrebato, amor,
locura me hubiera entrado.

Mis labios

Mis labios saborean tu sombra,

Cada poro de mi piel alejándote en cada rincón de mi verso.

Mis párpados te abrazan,

me haces bella con el soplo que sale de tu boca.

Transciende como el aire impoluto.

Como olas que nacen de mi fogoso vientre,

dejas tu anclaje cerca de mi mar.

Fuiste mi mayor perdición

Fuiste mi mayor perdición.
Una droga adicta
A mi corazón.

Un veneno que cada día
me inyectaba tanta alegría.

¿Qué fue de aquella pasión?,
De tu musa que te enseñó
cada rincón de su cuerpo y alma.

Ahora somos dos desconocidos,
pero cada vez que te veo
sigo sintiendo lo mismo.

Porque no se puede olvidar
a alguien que quisiste de verdad.

En mi corazón siempre estarás,
Y algún día quizás
 nos volvamos a encontrar.

Serpientes

Cuando voy por los bosques llevo siempre mi botella,

sólo porque el licor fuerte es un buen remedio contra el veneno de las serpientes.

Pero si pienso en serpientes rememora otra, falsa, traicionera, mucho peor incluso que ellas.

Se cuenta que la serpiente ataca bajo árboles verdes, mirando dulce y seductora al sutil pajarillo.

Pero la muchacha va por todos los senderos,

su vista aguda lo recorre todo:

ve una chaqueta allá, oye más allá un par de botas.

La serpiente acarrea el vientre,

no come más que tierra,

Pero la muchacha antepone el dulce

 y plato de plata en la mesa.

La serpiente aprende a danzar

para distraer a los simples,

Pero la niña comienza a danzar

   en el vientre de su madre.

La serpiente no cambia piel más que una vez al año,

Pero la muchacha cambia la suya

   ocho veces por semana.

Si la serpiente te traiciona te morderá los talones,

Pero traición de mujer perfora

   el alma de un muchacho.

Concluye así mi poesía sobre animales peligrosos

Y me introduzco, bosque adentro, en la jaula de mi muchacha.

Soy voz

Soy una voz que canta en amplias,

 despobladas llanuras,

donde no escucha oreja alguna,

donde no hay tornavoces.

Soy una llama que se escapa sobre el mar

en las noches negras,

un fuego antojadizo que se disipa enseguida

en la oscuridad.

Soy una hoja vagabunda

en un amplio espacio otoñal,

mi vida es un juego

en el grupo de todos los vientos.

Si me paro sobre una montaña,

si me asfixio en un agujero,

no lo sé,

ni me importa,

ni lo puedo evitar.

Diego Rego Franco

Todos los días de mi vida te llevo en mi corazón, querido primo Diego, hoy te dedico lo mejor que puedo: unas humildes letras.

Hace ya tiempo que partiste al cielo,

cada latido se sumerge a golpes y aullido.

Porque sé que algún día yo estaré contigo.

Eres mi mejor suspiro y mi mayor anhelo.

Cada noche te vuelves mi mejor desvelo.

Tu partida nos dejó un gran vacío,

 tardes y noches se siente como llora el río.

Tus principios y valores yo los llevo conmigo.

Porque fuiste y serás mi mejor motivo.

Que yo pueda seguir con mis letras cautivo.

Siempre en mi corazón.

**Se gana la madurez espiritual,
Cuando dejamos de anexar la felicidad a
las cosas materiales.**

Soñar

Yo nunca hice otra cosa que soñar.

Ha sido ése,

Y sólo ése,

el sentido de mi vida.

Nunca tuve

una verdadera preocupación

Salvo mi vida interior.

Desnudaré mi cuerpo, para enjuagar en su corriente la sangre de mis heridas.

Ante la paz

Habla la tierra: Casi estoy cansada de precipitarme

Como una llama de lucha roja a través del espacio nocturno.

Esconde en nubes, luna, tu funesta hacha,

enciéndete, sol, escondido en agobiantes vapores.

Himnos de cementerio,

campanas de destruidas catedrales

Cantan mi triste sendero

a través de los páramos estelares.

Y, sin embargo, en mis valles viven dulces enanos,

que continúan construyendo

casas para su propia paz.

Habla la luna: pesa mi brazo de tanta arma,

dañado está mi pie de cascos y púas.

Quiero regresar a mi hogar,

salir de este engaño y jaula,

a mis bosques y viñedos brillantes de rocío.

Ante mí la misericordiosa hoz se convierte en hacha,

La maza prende en la leña del hogar.

Estoy fatigada de seguir falsos homenajes,

Alza la señal de la reconciliación, tú, dorada paz.

Habla el corazón: aquí, en mi rincón, tú, recio frío,
mundo sonoro, encontraré la tranquilidad.

He almacenado semillas de llanuras secas,

granos adormecidos, que esperan florecer de nuevo.

Hasta que retumben los nuevos campos,

hablaré sin ruido como una música inaudible.

Coplas adormecedoras, llegadas de labios y cuerdas,

Llevo yo a recientes generaciones

a modo de sucesión.

La llama de la vida aletea entre vientos y peligros,

el aceite de la vida se vierte a caños.

Hasta que vuelva a triunfar la serenidad

mantendré yo mi sangre fresca e intacta y cálida.

Donde voy, vigilado, entre los hijos de la guerra,

Sonreiré a los días de la borrasca y la cólera,

Porque sé que la más alta oración de la tierra

no grita victoria, Paz grita.

Hay que mirar la vida como si fuera barco, unas veces tiramos el ancla para recargar el alma y otras para quedarnos.

Necesito un corazón de cristal azul

como el profundo mar,

rodeado de cristales blancos

como las estrellas que en él se reflejan...

El eterno romance entre el cielo y el mar.

*La diferencia entre un ciego y un fanático
es que el ciego sabe que no ve.*

PERDER EN LA VIDA

Perder en la vida ya es una costumbre,

no produce el sentimiento de antaño de no tener,

No es una tragedia, porque nada nos pertenece.

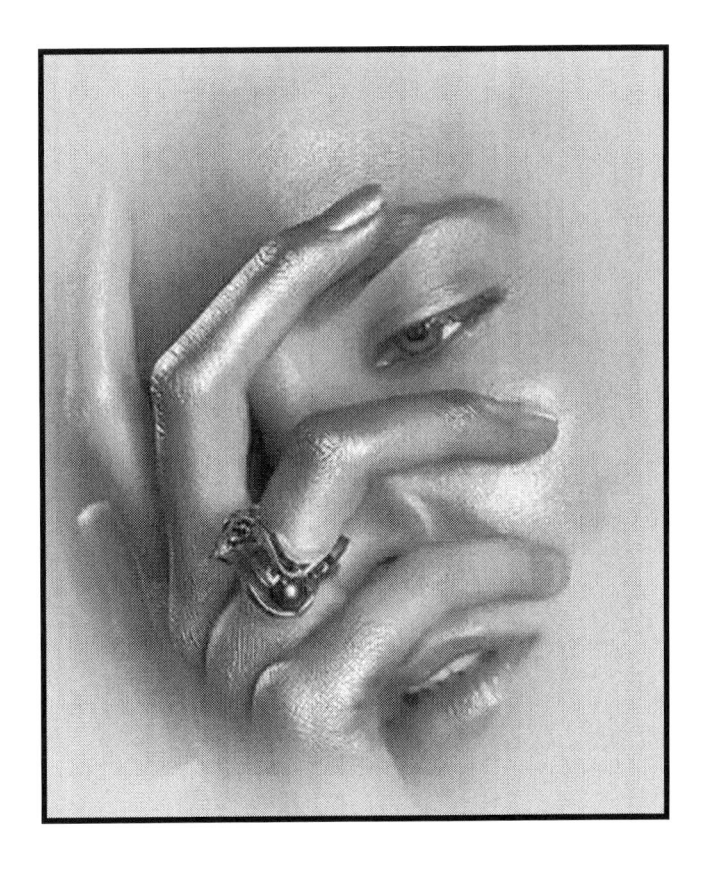

La casa que habito

Esta casa en la que habito, su contenido, mi escritura, la pluma con la que escribo tampoco es mío,

nada es mío.

Aquello que me rodea, ni tan siquiera mi presencia.

Este amasijo de carne y huesos,

Las vísceras de mi cuerpo un día se destruirán

y pasarán a ser polvo esparcido

que lleve el viento a su antojo.

¿ Que quedará de mí?

El recuerdo, tan solamente aquello

 que dejé en los demás,

Lo que soy, lo que fui.

Entonces nada podrá detenerme,

Mi alma, mi espíritu, o lo que sea que soy realmente,

Puede que vaya a algún lugar,

A cualquier planeta.

    ¡Vaya usted a saber!

Yo me aleje de ti

Me aleje de ti pensando que tu recuerdo
se alejaría como las hojas de otoño.

Si sólo supieras amor
que sus besos son agua de mar en mi boca.

Si sólo supieras que sus caricias
son piedras tallando mi piel.

Si sólo supieras que aquellas conversaciones
me inspiran soledad.

Si sólo supieras amor mío
que al estar rodeada de gente te imagino
y lágrimas corren por mis mejillas.

Si sólo supieras amor que mi alma al estar desnuda,

Tus huellas se pasean por los caminos del pecado carnal. Pero no lo sabrás.

Porque es una incógnita sin igual.

Porque no tendré el valor de decirlo,

Y porque ahogare mis penas en una botella de letras,

Y una canción de melancolía.

Tengo resaca de buscar los besos que no me diste a escondidas.
Soñando con lágrimas.
Transformadas en sonrisas y cervezas que mojan la cama.

Entierra los malos recuerdos
Y jamás les lleves flores

Hilvanando mis sueños

Voy hilvanando sueños y me adueño,

De tú mundo con amor profundo,

calmando todas tus penas,

entregándote mi amor que llevo dentro de mis venas.

Voy pintando versos al firmamento,

gritando al cielo "té amo" con total sentimiento,

Me dejo llevar por tus frases de amor,

Porque día y noche estoy presa de tu calor.

Mis letras hablarán por mí

diciéndote te quiero amor con frenesí,

Tanto y tanto qué te amo así,

Eres tú mi cielo por quién me desvelo.

Con todo este amor que llevo,

Para seguir remontando corazones,

Elevando cada latido y llenando de ilusiones.

Voy por eso pintando este mundo con emociones.

caminó tierra arriba

El caminó tierra arriba, un año iluminado,

Cuando alrededor de cabellos brillantes

Una hermosa virgen se oprimía una cinta

Para seguir las pisadas del león.

Oh, tú, virgen del mes de las cosechas,

Tú, doncella de las noches oscuras y templadas,

quiero ambicionar tu ausente anhelo,

Y tu perfume es como al estar entre paja.

Quiero bañarme en la alberca

Y en la corriente auriparda de los timos,

quiero dormir junto a barzas y graneros

en un apasionado sueño de fiesta de agosto.

Él caminó montaña arriba,

cuando el sol se elevaba rojo

en todo su fervor canicular

sobre páramos donde el color escarlata

exudaba como un fuego entre las ramas.

Monte arriba quiero ir yo,

donde se elevan como en latente diafanidad

Y capturan nobles ladrones

en su azul y real límite.

Quiero cabalgar líquenes

bajo el sutil pabellón de las vírgenes,

en el frescor de la pradera del valle alto

quiero afincar mi sede.

Y así caminó él valle abajo

Una noche de luna llena,

una noche de luna amarilla.

Y despertó el ruiseñor

que descansaba, callado, en su corazón.

¡Tú, desagradable pájaro, tú, cautivo,

vuela de aquí al valle dulce y verde!

Yo estoy saciado de lo reciente y de lo pasado,

soy joven de embriagante dolor.

La primavera que pasó

parecía recién despierta en mantillo de la montaña,

Y él cantaba como en la época del ruiseñor

por alegrar a su corazón cantarín.

El tiempo de la espera

No hay nada como el tiempo de la espera.

Semanas de crecida primaveral,

La época de florecer,

no hay mayo cuya luz se extienda

Como la de abril amaneciente.

Ven por el sendero, cuando la última helada,

el campo ofrece su húmeda frescura

Y su profundo susurro además.

Quiero extender el placer del verano

sobre las primeras hierbas que brillan

en una oscura nava de pinos,

Y el primer trino de los mirlos.

No hay nada como el tiempo del deseo,

años de espera, época de noviazgo.

No hay primavera que extienda la pasión

de un misterioso amante.

Casi no se han visto, muy pronto alejados,

soñando con cuánta dulce y arriesgada

Vida late ya en su pecho.

Otros buscan fruto dorado,

Yo prefiero retardarme ,rehusar,

esperaré en mi jardín,

mientras florecen las yemas.

todos tenemos una misión importante:

Hacer que el agua vuelva a ser limpia y crear un mundo tranquilo y sano.

Para cumplirla, primero debemos asegurarnos de que nuestro corazón,

esté limpio y libre de contaminación.

A los que se fueron

A los que se fueron demasiado pronto.

A los que nos dejaron sin querer marcharse.

A los que ya no sabemos

si queremos abrazarles o que nos abracen.

A los que brillan cada noche allí arriba.

A los que están en nuestros sueños

día sí y día también.

A los que tuvimos que decir adiós sin querer,

sin esperarlo.

A los que nos dejaron huella,
momentos y recuerdos inolvidables.

A los que nos hacen soltar una lágrima
al pasar por ese lugar especial.

A los que nos dejaron miles de cosas por decir.

A los que serán siempre, aunque no vuelvan nunca.

A los que algún día esperamos volver a ver.

En ese cielo. En esa vida.

Y poder agarrarles muy fuerte y no soltarles.

Y decirles, aunque sea por última vez,

Os quiero.

Cuanto te quise

Si me tiembla la voz

al pronunciar tu nombre todavía,

Y esbozo sin querer

Una sonrisa al recordarte.

Si me perdí algún día por tu calle,

O te hice regresar de mi memoria,

No es por casualidad.

Hay recuerdos de amor que no se borran.

Y es que un día te quise más que a nada,

Y es que un día te quise más que a nadie,

Y me sorprendo a veces cuando al pensar en ti,

Se altera el corazón y vuelve a recordarme

cuanto te quise.

Si el recuerdo de ti me llega hoy y viene de tan lejos.

Si me vuelvo a escapar adolescente hasta tus besos.

Si un día tuve celos de otros brazos,

al verlos abrazar lo que fue mío.

No es por casualidad.

No es tan bello el vivir lo vivido.

Y es que un día te quise más que a nada,

Y es que un día te quise más que a nadie.

Y me sorprendo a veces

cuando al pensar en ti,

Se altera el corazón y vuelve a recordarme

cuanto te quise.

Dedicado a mi padre

Hoy quiero detener el tiempo que no se vaya como el viento,

Para conservar tú voz y no se vaya tan veloz,

Hoy quiero pedirle a dios por ti,

Por un ser humano lleno de bondad,

Con todos compartiste tu amistad.

Fuiste un ser que desbordó

puro amor.

El Paraíso de Maresi

Construyendo cada día ese templo que era tu casa con tu calor.

Siempre inculcando a todos los familiares el fervor.

Hoy te entrego flores llenas de colores.

Para que nunca falte en tu vida los amores

de todos nosotros,

Tú familia y vivamos llenos de buenos sabores

que nos trae la vida,

la salud, la dicha y alegría.

El tiempo se detuvo al ver tu sonrisa

que llevo tatuada en mi alma.

Y le pido a dios que te guarde con calma,

Para seguir compartiendo

momentos bellos,

Llenos de muchos sentimientos.

No estoy en la edad

de perseguir personas

y amargarme la existencia por alguien.

Hace tiempo comprendí

que todo aquello que vale la pena,

Se queda por voluntad propia.

Y si alguien,

algún día,

trata de cambiar la mujer que eres,

hay una cosa que debes tener clara:

No es para ti.

ACERCA DE LA AUTORA

María Nuria Rego Símil.

Nací un doce de noviembre de 1974. Vengo de una familia humildad de padre Marinero y Madre que trabajo en todo lo que pudo con una infancia maravillosa sin tecnologías.

Desde muy pequeña me gustaba leer y sobre todo preguntar quería las respuestas como toda una niña de notas normales y con estudios de formación no quise ir a la universidad, aunque mis padres siempre me inculcaron el estudio.

Nacida en Galicia, pero actualmente vivo en Santa Cruz de Tenerife.

EL EDITOR

Guillermo Beltrán Villanueva (Ciudad Obregón, Sonora, 1947), fue integrante de la primera generación de la Escuela de Humanidades de la Universidad Autónoma de Baja California (UABC), graduándose en la generación 1994-1998, como Licenciado en Literatura de Hispanoamericana.

El editor dirige el Proyecto Editorial Sin Límites, bajo la tutela de la Asociación de Clubes, Sociedades y Comités Democráticos A. C., conocida como Asumo A.C., con el fin de ayudar a los escritores emergentes y con pocos recursos para publicar. Por medio de ese programa a destacando entre varios los libros: Siento mi Corazón de la Poeta Rosalía Sánchez García y, del poeta Octavio Islas Sánchez: Tu Recuerdo Muere en mí, Reflexión Bajo Palabra, Así Soy yo, y Tommy y Timby, este Último con Ilustraciones de la artista Michelle Beltrán Islas.

El Poemario, Notas Rebuscadas de la poetisa Sabine Guerra, alias Penumbra; el poemario Llévame, del escritor bilingüe (español y lengua Yaqui) Damián Jiocamea Valenzuela, alias Marthell Gio, La biografía ficción: Mi vida en partes basada en algunos relatos e investigaciones y apreciaciones de amigos sobre la protagonista; el poemario Amor inmortal del periodista Ernesto Bernal; el libro Los Cuentos y mis Aventuras del escritor Raúl Chollet Osuna, Realidad y Fantasías de Esther López. ¡El libro Crónicas de una muerte de la escritora española Ari Alonso, 100 ¡Rimas Proletarias del compositor Raúl Barba Arciniega, ¡Cántame un arcoíris y Tijuana Mía de la escritora Paloma Dove Ortiz, ¡Azul de mil colores, de Pablo Guillén; All Yours!, Calaveras Cholletsianas y Long Season without Eiffel de Raúl Chollet Osuna y, Noches de Mar, Palabras para vivir, Ciudad Sonámbula, Días Devueltos y Tatuajes de Metáforas, del escritor colombiano Dalmiro Durán; Mis Vivencias Costeñas de María de los Ángeles Rebolledo Texta. Azul, tu nombre del escritor Pablo Guillén, seudónimo del profesor José Agustín Pérez; El Diario de Nuria y El paraíso de Maresi de la escritora María Nuria Rego Símil, libros memorables de Elizabeth González, "Cántame un Arcoíris" y Tijuana Mía. De Gustavo Núñez le edita dos libros, un poemario y un Relatario. Algunos libros más editados por autores que han decidido no publicarlos. *La Casa Grande*, donde reúne relatos de Guadalupe Sánchez Rosales, sobre las anécdotas de familia, su llegada a La Paz y la construcción de una gran familia. Este libro consigna solamente una parte de esas historias, pues quedan a deber los demás miembros de la Familia: Miguel, Germán, Lorenzo, Marina, Ana y demás familiares.

El Paraíso de Maresi es el segundo libro de la poeta María Nuria Rego Símil. Hay obras que impresionan y esta es una de ellas, por sus historias, por su sencillez, por la fluidez del discurso y esa suave sensación de lirismo que recrea Maria Nuria Rego Simil.

Un verdadero deleite editarle su nuevo libro. Se los recomiendo.

LA PUBLICISTA

Cynthia Michelle Beltrán Islas, Member ID 3996910, en CREATESPACE filial de Amazon, nació en la ciudad de Tijuana, Baja California, un 21 de enero de 1995. La escuela elemental la estudió en Tijuana en el colegio Niños de América; sus estudios secundarios o Junior High School, los realizó en la Escuela Secundaria # 4, Francisco Canet Meza; parte de sus estudios vocacionales los realizó en la Preparatoria Federal Lázaro Cárdenas, siendo interrumpidos para emigrar a los Estados Unidos, donde continuó la High School, en Sweet Water High School of National City y la concluyó en East Lakes of Chula Vista, California. Sus estudios preuniversitarios los realizó en el South Western College of Chula Vista de donde fue becada para la Universidad de San Francisco en la carrera Multidisciplinaria de Artes, para el Periodo 2016-2018.

Prohibida su reproducción total o parcial del texto, comentarios, prólogos y/o fotografías, contenido, lenguaje, sintaxis, estructura, ilustraciones, formato y contenido, así como los recursos estilísticos y literarios del escritor, a que hace referencia al texto y título sin el permiso por escrito de la editora Cynthia Michelle Beltrán Islas o del autor Guillermo Beltrán Villanueva.
Atentamente.
Cynthia Michelle Beltrán Islas,
Editora Member ID 3996910
michyguillermo@gmail.com
All rights reserved.

DERECHOS RESERVADOS

El Paraíso de Maresi
Title ID: 8792377
Copyright © 2018 María Nuria Rego Símil
All rights reserved.
Fotografía y pinturas
facilitadas por amigos de la autora
María Nuria Rego Símil
ISBN-13: 978 1722906221
ISBN-10: 1722906227
Proyecto Editorial Sin Límites
Editado en Tijuana Baja California
Por el Lic. Guillermo Beltrán Villanueva
Publicado bajo Licencia Editorial de
Cynthia Michelle Beltrán Islas
Member ID 3996910, en CREATESPACE
filial de Amazon, USA.

Printed in Germany
by Amazon Distribution
GmbH, Leipzig